Saosećanje :
jedini put prema miru

Govor koji je održala
Sri Mata Amritanandamayi

Na filmskom festivalu
Cinéma Vérité 2007

12. oktobar 2007. – Pariz, Francuska

Mata Amritanandamayi Center, San Ramon
Californija, SAD

Saosećanje : jedini put prema miru

Preveo na engleski Svami Amritasvarupananda Puri

Izdavač :

Mata Amritanandamayi Center
P.O. Box 613
San Ramon, CA 94583
Sjedinjene Američke države

— *Compassion, the only Way to Peace (Serbian)* —

Copyright © 2013, Mata Amritanandamayi
Mission Trust, Amritapuri, Kerala 690546, Indija

Prvo izdanje MA Center na srpskom, april 2016

U Srbiji :

rs.amma.org
kontakt@amma-srbija.org

U Indiji

www.amritapuri.org
inform@amritapuri.org

Uvod

U oktobru 2007. godine, francusko filmsko udruženje Cinéma Vérité, je tražilo od Amme da održi govor na temu sve većeg broja incidenata u svetu izazvanih ljudskim faktorom, kao i prirodnih katastrofa. Udruženje Cinéma Vérité je otkrilo Ammu kao jedinstvenog duhovnog i humanitarnog vođu zahvaljujući dokumentarnom filmu Jan Kounen-a : "Darchan"(Zagrljaj), snimljenom 2005 godine. Ovo udruženje je odavno postavilo cilj da filmom utiče na buđenje svesti o ljudskim pravima. Inspirisano Kounen-ovim filmom o Ammi, Udruženje Cinéma Vérité je osetilo da je pravi momenat da ustanovi godišnju nagradu koja bi se dodeljivala osobama koje su dale vanredan doprinos uspostavljanju mira i harmonije u svetu. Odlučeno je da prva takva nagrada bude uručena Ammi.

Dodela nagrada se odvijala u centru Pariza, u jednom pozorištu na Place de la Bastille, u okviru Festivala Cinéma Vérité 2007. Druge pozvane poznate ličnosti koje su učestvovale na Festivalu su bile Jody Williams, dobitnica Nobelove nagrade za mir 1997. godine, glumica Sharon Stone, nominovana za "Academy Award", i Bianca Jagger, branilac socijalnih i ljudskih prava.

I Sharon Stone i Jan Kounen su predstavili i pozdravili Ammu. "Zaista nema kvalifikovanije osobe od Amme da govori o miru," rekao je Kounen , "ne samo da u svom životu Amma *živi mir* nego ga ona *budi u nama* ... Mi smo presrećni što imamo tu mogućnost da ovom nagradom, koja se dodeljuje prvi put, odamo priznanje Ammi za njen doprinos uspostavljnju mira i harmonije u svetu."

Jan Kounen je, zatim, govorio o svom iskustvu tokom snimanja Amme, bića koje, kako je kazao, poseduje moć da transformiše druge. "Moja sreća je što sam reditelj koji je u mogućnosti da bira temu svojih filmova" rekao je. "To mi je omogućilo da provedem vreme pored Amme, da otkrijem šta ona radi i da se približim saznanju ko je ona u stvari. Otisnuo sam se na putovanje ... sa koga sam doneo ovaj film. On mi je pružio priliku da prenesem drugima ko je Amma i sve ono što sam mogao da vidim, primetim i doživim tokom vremena provedenog sa Ammom. Ovo mi je omogućilo ne samo da prenesem poruku drugima, već i da izbliza vidim jedno ljudsko biće koje ima moć da promeni drugog."

Kunen, koji je režirao igrane, kao i više dokumentarnih filmova koji imaju za temu mistične kulture, kaze da je, snimati Ammu, za njega bilo jedno potpuno jedinstveno iskustvo. "Obrađivao sam teme vezane za duhovnost, za iscelitelje, čudotvorce ... Ali sa Ammom, magija postaje nešto vidljivo, nešto što ona proizvodi upravo pred našim očima. To je ono što nas najviše fascinira kod Amme. To što možete da vidite svojim sopstvenim očima. I vi jednostavno treba da je zabeležite na filmsku traku - da je vidite i da date drugima mogućnost da je vide. Zeleo bih da zahvalim Ammi što mi je omogućila da snimim ovaj film. Hvala."

U nastavku je Sharon Stone govorila o Ammi. "Predstaviti jednu Sveticu je veliki posao", rekla je. "Snimati anđela, to je nešto sasvim drugo. Film 'Darshan' je izuzetno

Glumica Sharon Stone, nominovana za Academy Award, uručila je Ammi prvu godišnju Cinéma Vérité nagradu, za njen doprinos uspostavljanju mira i harmonije u svetu.

inspirativan. Ali život koji se u potpunosti posvećuje služenju drugima, je nešto čemu svi možemo da težimo. Zato što je to izbor. Izbor je da se posvetimo služenju drugima. Kao što je rekao Milton kad je gubio vid, 'jednostavno, stati i sačekati, može biti usluga, stati i sačekati nekoga'. Mi živimo u epohi u kojoj je to u svetu potrebnije nego ikad. Živimo u vremenu kada je potrebno da stanemo i razmislimo pre nego što ćemo reagovati. Zato što treba da reagujemo sa dobrotom, sa dobronamernošću. I zato što naši postupci moraju biti prožeti milošću.

Amma je otelotvorenje milosrđa u svakom momentu svoga života. Zagrlila je 26 miliona ljudi. Učinila je to ne samo da bi dala, nego da bi pokazala primer davanja, dobrote, pažnje i služenja drugima. Ona nas zagrli da bismo mi prenosili dalje tu dobrotu. Imamo sreću da možemo da izrazimo dobrodošlicu ne samo jednom svecu i anđelu, nego i biću koje aktivno primenjuje dobrotu."

Kao znak divljenja Cinema Vérité prema Ammi i njenom radu, Sharon Stone je dala

Ammi na poklon srebrni lančić sa medaljonom, što je izazvalo gromoglasan aplauz u celoj sali.

U svom govoru "Saosećanje : jedini put prema miru", Amma je dala realističnu i konstruktivnu analizu problema sa kojima se svet danas suočava, posebno ukazujući na oblasti u kojima je sklad prekinut i pokazujući kako samo vizija sveta koja se zasniva na saosećanju može da ih razreši.

Govoreći o konfliktu, Amma je bila veoma jasna : "Od kad postoji svet, postoji i konflikt, rekla je. Reći da je nemoguće potpuno ga iskoreniti, veoma je uznemirujuće. Ali, to je tako, zar ne ?"

Prihvatajući da se konflikt ne može sasvim iskoreniti, Amma je izražila žaljenje zbog nestanka kodeksa etike i časti koji su se nekad poštovali u ratovima. Objasnila je kako se u stara vremena pešadija borila samo sa pešadijom, konjanici samo sa konjanicima, itd. ; bilo je zabranjeno napasti vojnika koji nema oružje ili povrediti ženu ili dete; borbe bi se prekidale sa zalaskom i nastavljale sa izlaskom sunca. "Takva je bila velika tradicija *dharmičkih* ratova u kojima je neprijatelj posmatran sa poštovanjem i plemenitošću i na bojnom polju i izvan njega. Poštovala su se osećanja i kultura građana neprijateljskog carstva. Takav je bio viteški odnos ljudi te epohe."

Moderan rat, kazala je Amma, je nešto sasvim drugo : "U današnjim ratovima, neprijateljska zemlja se uništava na sve moguće načine. Pobednici pljačkaju i prisvajaju zemlju, prirodne resurse i bogatstva pobeđene zemlje. Kultura i tradicija koje su prenošene s generacije na generaciju se uništavaju, a nedužni narod se ubija bez milosti.

Nasilje i patnja izazvani gramzivošću i mržnjom, privukli su na ljudski rod 'mnogobrojna prokletstva', kazala je Amma. Da bismo se oslobodili tih prokletstava, treba najmanje sto budućih generacija da brišu suze onih koji pate i da traže načina da im pruže utehu i umanje tu patnju" kazala je Amma. "Zar ne bi trebalo da pokušamo da polozimo taj ispit savesti, makar zato da bismo se iskupili ?"

Amma je takođe tražila od šefova država da

napuste stare ideje o ratu. "Stavimo tačku na surovost i brutalnost, koje čovek ispoljava u ime rata", rekla je. "Rat je proizvod necivilizovanog duha. Te stare predstave o ratu treba napustiti i zameniti novim listovima, cvetovima i plodovima saosećanja i lepote. Malo po malo, mi možemo uništititi našeg unutrašnjeg demona, "želju za ratom", koji je istovremeno prokletstvo i za ljudski rod i za Prirodu. Tada ćemo moći da uđemo u novu eru mira i sreće."

Druga oblast konflikta o kome je Amma govorila se tiče odnosa između nauke i religije. "Religija i nauka bi, u stvari, trebalo da napreduju zajedno, ruku pod ruku," kazala je Amma. "Obe, nauka bez religije i religija bez nauke su nepotpune. Na nesreću, društvo pokušava da nas podeli na religiozne ljude i na ljude od nauke." Amma je podvukla da su, ustvari, nauka i religija veoma slične. Jedna istražuje u spoljašnjoj laboratoriji, a druga u unutrašnjoj laboratoriji svesti. "Koja je priroda iskustvenog sveta? Kako objasniti savršeni sklad njegovog funkcionisanja? Odakle se pojavio? Kuda ide? Gde će nas odvesti? Ko sam ja?

... Ko postavlja ovu vrstu pitanja: naučnici ili vernici ? I jedni i drugi."

"Treba da učimo na lekcijama iz istorije, ali tamo ne bi trebalo da živimo" zaključila je Amma. "Fuzija između nauke i duhovnosti će nam pomoći da izađemo iz tog tamnog hodnika prošlosti da bi dosegli svetlost mira, harmoniju i jedinstvo."

Dotičući pitanje konflikta među religijama, Amma je rekla da su uskogrudost i neznanje pretvorili izvore svetlosti u mrak. "Duhovnost je ključ kojim možemo da otvorimo naše srce i da gledamo na svako biće sa saosećanjem", rekla je Amma. "Ali, zaslepljen sebičnošću, naš mentalni aspekat je izgubio sposobnost da pravilno prosuđuje, te je naš pogled na svet oko nas deformisan. To sebično ponašanje samo jos više povećava tamu oko nas. Ključem koji je tu da otvori srca, naš mentalni aspekt se, u svojoj konfuziji, služi da ih još čvršće zabravi"

Veliki deo Amminog govora je bio koncentrisan na sve veći nesklad između ljudi i Prirode, i na njegove posledice: zemljotrese, cunamije, zagrevanje planete, ekstremne vremenske prilike, suše, itd. Ponovo, Amma je uporeðivala današnju i nekadašnju situaciju. U staro vreme nije bilo potrebe za specijalnim merama za zaštitu sredine jer je priroda poštovana u slavu Boga, a pored toga, briga o zaštiti sredine bila je i sastavni deo samog života, rekla je Amma. "Ljudi iz prošlih vremena su ne samo mislili na ‹Boga›, već su iz ljubavi služili Prirodi i društvu." Oni su videli Stvaraoca kroz njegovo stvaranje. Oni su voleli, slavili i štitili Prirodu kao vidljivi oblik Boga. Potrudimo se da ponovo probudimo taj odnos prema Prirodi. Danas, najveća pretnja čovečanstvu nije svetski rat, već naše sve veće udaljavanje od Prirode kao posledica gubljenja sklada sa Prirodom. Zbog toga bi trebalo da razvijemo svesnost kao osoba koja stoji pred uperenim pištoljem. Samo tako čovečanstvo može da preživi.

Amma je dala više sugestija o tome kako da se izgubljeni sklad izmeðu Prirode i ljudi ponovo uspostavi: postrožiti mere za smanjenje zagaðenja od fabrika, maksimalno izbegavati situacije u kojima se u jednim kolima vozi samo jedna osoba, ići peške ili biciklom na male udaljenosti, održavati tradiciju porodičnog povrtnjaka, uz sugestiju da svaki pojedinac posadi bar jedno drvo svakog meseca.

"Priroda je naša prva majka", rekla je Amma. Ona nas hrani svojim mlekom tokom celog našeg života. Naša biološka majka nam možda dopušta da joj sedimo u krilu par godina, ali Majka Priroda strpljivo podnosi našu težinu tokom čitavog našeg života. Majka Priroda nam peva uspavanke, hrani i miluje nas. I kao što dete ima obaveze prema majci, mi bismo morali da imamo osećaj duga i odgovornosti prema Majci Prirodi. Ako zaboravimo ovu našu odgovornost, to je kao da smo zaboravili sebe same. Ako zaboravimo prirodu, mi ćemo prestati da postojimo, jer učiniti to, znači krenuti putem koji vodi u smrt.

Tokom celog govora Amma je stalno isticala svoje ubeđenje da je u svim oblastima u kojima se konflikt javlja saosećanje jedino pravo rešenje. "Saosećanje je temelj mira", kaže Amma. "Saosećanje postoji u svakome od nas. Međutim, teško ga je iskustveno osetiti i ispoljiti u svakom našem postupku. Treba da se okrenemo našoj unutrašnjosti i da istražujemo duboko u nama samima... Ako hoćemo da donesemo mir spoljašnjem svetu, kao prvo naš unutrašnji svet treba da bude u miru."

Gromoglasni aplauzi su pozdravili Ammin govor, koji je za publiku simultano prevođen na engleski i francuski. Veče se završilo ne rečima, već konkretnim delom - Amma je sa ljubavlju zagrlila svakog učesnika programa, dajući mu svoj topli *darchan*.

Svami Amritasvarupananda Puri
Vice Président
Mata Amritanandamayi Math

Saosećanje :
jedini put prema miru

Sri Mata Amritanandamayi

12. oktobar 2007. – Pariz, Francuska

Od kad postoji svet, postoji i konflikt. Tvrditi da je nemoguće da se potpuno iskoreni duboko nas uznemirava. Ali ipak, tako je, zar ne ? Razlog za to je što će dobro i zlo uvek postojati na svetu. U nastojanju da prihvatimo dobro i da odbacimo zlo, mogućnost konflikta ne može potpuno da se izbegne. Tako se konflikti manifestuju u skoro svim zemljama, u obliku unutrašnjih borbi, ratova i štrajkova. Iako većina ratova generalno imaju za cilj da zaštite različite interese pojedinaca ili određenih grupa, u retkim slučajevima potrebe naroda su uzimane u obzir, a ratom je ostvareno veće dobro.

Nažalost, većina ratova se ne vode radi

zaštite istine i pravde, već su motivisani sebičnošću.

U epohi koja je počela pre oko 5000 godina, a koja se završila posle vladavine cara Chandragupta, osnivača dinastije Maurya, zaštita istine i *Dharme* [pravednosti] je igrala glavnu ulogu u svim ratovima koji su se odvijali u Indiji. I tada je pobediti neprijatelja i, ako je potrebno uništiti ga, činilo sastavni deo rata. Međutim, postojala su veoma precizno definisana pravila, koje je na bojnom polju i tokom borbe trebalo poštovati.

Na primer, pešadija je mogla da se bori samo sa pešadijom, a konjanici samo sa konjanicima. Vojnici koji su bili na slonovima ili u borbenim kolima su mogli da se bore samo sa slično opremljenim protivnicima. Ista pravila su se primenjivala na sve borbe, sa buzdovanima, sa sabljom ili sa lukom i strelom. Vojniku nije bilo dozvoljeno da napadne vojnika koji je ranjen ili bez oruzja, niti da povredi ženu, dete, staru ili bolesnu osobu. Borbe su počinjale rano ujutru sa zvukom vojničkog roga i završavale se tačno sa zalaskom sunca, kada bi vojnici obe strane zaboravljali na međusobno neprijateljstvo i večerali zajedno kao jedan. Sutradan, bitka je nastavljana sa rađanjem sunca.

Događalo se čak da Car pobednik sa radošću vrati osvojeno carstvo i sva dobra pobeđenom caru ili legitimnom nasledniku krune. Takva je bila velika tradicija *dharmičkih* ratova u kojima je neprijatelj posmatran sa poštovanjem i plemenitošću i na bojnom polju i izvan njega. Osećanja i kultura građana neprijateljskog carstva su bila poštovana. Takav je bio viteški odnos ljudi te epohe prema neprijatelju.

U naše vreme, da bismo izbegli terorističke napade stroge mere sigurnosti se preduzimaju na aerodromima i drugim objektima. Iako su te mere neophodne za našu fizičku sigurnost, one ne predstavljaju definitivno rešenje. U stvari, najdestruktivniji od svih explosiva je onaj koji nijedan aparat ne može da otkrije, a to je mržnja udružena sa netrpeljivošću i željom za osvetom, smeštena u ljudskom duhu.

U vezi sa tim, Amma se seća jedne priče.

Poglavar jednog sela slavio je stoti rođendan. Mnoge uvažene ličnosti i novinari su prisustvovali proslavi. Jedan novinar mu je postavio pitanje: "Imate dug život iza vas, kažite nam, čime se najviše ponosite?"

Starac je odgovorio : "Pa dobro, vidite, ja sam živeo 100 godina, a nemam ni jednog jedinog neprijatelja na ovoj planeti."

"Zaista!? E pa to je stvarno neverovatno, kaže novinar, neka vaš život bude izvor inspiracije za sve nas! Kažite mi sad kako ste to uspeli da postignete?"

"O! Pa to je veoma jednostavno : Postarao sam se da nijedan od njih ne ostane živ!"

Ako se ne oslobodimo naših destruktivnih emocija, neće biti kraja ratovima i nasilju.

U današnje vreme, u slučaju rata, neprijateljska zemlja se uništava na sve moguće načine. Pobednici pljačkaju i prisvajaju zemlju, prirodne resurse i bogatstva pobeđene zemlje i koriste sve to za svoje sebične ciljeve. Kultura i tradicije koje su prenošene s generacije na generaciju se uništavaju, a nevini ljudi se ubijaju bez milosti.

Pored toga, nezamislive količine toksičnih gasova, nastalih usled eksplozija bombi i drugih ratnih oružja, se šire po atmosferi i zagađuju tlo. Koliko li će budućih generacija biti prinuđene da pate fizički i mentalno zbog posledica tog zagađivanja ? Ono što rat ostavlja za sobom su smrt, siromaštvo, glad i epidemije. To su pokloni koje rat donosi čovečanstvu.

Danas, neke bogate zemlje podstiču ratove samo da bi mogle povećati prodaju svog najnovijeg naoružanja. Ali bez obzira na to koju akciju sprovodimo, čak i ako je to rat, cilj bi morao da bude zastita istine i *dharme*. Amma ne kaže da je rat neizbežan. U principu, ne postoji vreme kome je rat zaista potreban. Ali, da li ćemo ikad uspeti da potpuno eliminišemo rat iz spoljašnjeg sveta dok god konflikt postoji u ljudskoj svesti? To je pitanje o kojem zaista treba da razmišljamo.

Jedan od glavnih razloga za brojne konflikte u današnjem svetu je to što su nauka i religija razdvojene. Religija i nauka bi, u stvari, trebalo da napreduju zajedno, ruku pod ruku. Obe, nauka bez religije i religija bez nauke su nepotpune.

Ali, društvo pokušava da nas podeli na

religiozne ljude i na ljude od nauke. Naučnici tvrde da se religija i duhovnost zasnivaju na slepom verovanju, a da je nauka objektivna jer se dokazuje kroz eksperimente. Pitanje koje oni postavljaju je : Na kojoj ste vi strani? Na strani verskih ubeđenja ili dokazane činjenice?

Netačno je reći da religija i duhovnost počivaju na slepom verovanju i da njihovi principi nisu dokazani. Zapravo, duhovni učitelji su u svojim istraživanjima otišli jos dalje od savremenih naučnika. Dok savremeni naučnici istražuju spoljašnji svet, veliki mudraci su vodili istraživanja u unutrašnjoj laboratoriji svoga duha. Ako se tako posmatraju stvari, oni su takođe bili naučnici. U suštini, temelj religije nije slepo verovanje, nego ono što se na sanskritu naziva "sraddha". Sraddha, to je naše ispitivanje - intenzivno istraživanje u unutrašnjosti našeg bića.

Koja je priroda iskustvenog sveta? Kako objasniti savršenu harmoniju njegovog funkcionisanja? Odakle se pojavio? Kuda ide? Gde će nas odvesti? Ko sam ja? To je bilo njihovo ispitivanje. Ko postavlja ovu vrstu pitanja : vernici ili naučnici? I jedni i drugi.

Mudraci iz starih vremena su bili ne samo veliki intelektualci, već i vidovnjaci koji su shvatili Istinu. Intelektualci su, nesumnjivo, velika dragocenost za društvo. Međutim, same reči i misli nisu dovoljne. Samo oni koji su postali otelotvorenje tih misli i reči mogu da im udahnu život i lepotu.

Veoma davno, živeo je jedan *mahatma* [velika duša], koji je napisao knjigu "Saosećanje u životu". Štampanje knjige je bilo jako skupo, a on nije imao ni jedne jedine pare. Zato se obrati ljudima koji su ga cenili i oni prihvatiše da mu pomognu i da budu donatori. Ali eto, baš kad je trebalo da pošalje knjigu u štampu, glad zahvati njihovo selo i poče masovno umiranje. Bez razmišljanja, mahatma uze novac namenjen za štampanje knjige i upotrebi ga za hranu za siromašne i izgladnele. Kad su donatori saznali šta je uradio, bili su veoma uznemireni. Pitali su mahatmu "Šta ste to uradili ?! Kako ćete sad da odštampate knjigu? Siromaštvo i glad su uobičajene pojave, rađanje i umiranje su svakodnevni događaji u ovom svetu. Nije bilo ispravno da potrošite sav taj novac zbog jedne prirodne katastrofe". Mahatma ne odgovori, samo se nasmeši.

Posle izvesnog vremena, mahatma ponovo ode do dobrotvora i ponovo zatraži pomoć za štampanje knjige. Oni posle velikog dvoumljenja ipak pristadoše. Ali, jedan dan pre nego što je knjiga trebalo da ode u štampu, naiđe stravična poplava. Hiljade ljudi je umrlo, a još veći broj ostade bez kuća i svog imetka. Ponovo mahatma upotrebi sav novac koji je sakupio da bi pomogao žrtvama katastrofe. Donatori su ovog puta bili zaista veoma ljuti na njega. Obratili su mu se veoma teškim rečima. Ali kao i ranije, mahatma nije odgovorio, već se samo nasmešio.

Kad je knjiga bila konačno štampana, njen naslov je bio : *"Saosećanje u životu, tom tri"* Pobesneli donatori su ga pitali : "Pa, zar vi niste *sannyasi* – istraživač istine ? Kako možete tako da lažete. Kako ova knjiga može da bude treći tom ? Gde su tom jedan i dva ? Da li nas vi to zavitlavate ?"

Mahatma odgovori : "Ali ovo je zaista treći tom knjige. Prvi tom je bio kad je stanovnike pogodila glad. Drugi tom je bio kad su hiljade nedužnih ljudi našli smrt i toliko drugih ljudi ostali bez ičega zbog vode koja je sve odnela. Prva dva toma su nam pokazala konkretno kako da unesemo saosećanje u nase živote. Dragi moji prijatelji, knjige su samo slova na papiru. Kad jedno ljudsko biće zove upomoć, ako nismo u stanju da mu sa ljubavlju pružimo ruku da mu pomognemo, onda ... čemu knjiga koja opisuje saosećanje ?"

Ako hoćemo da naše reči i naše misli zrače svešću i životom, treba ih pretočiti u akciju. Da bismo to postigli, treba da tražimo put kako bi religija i savremena nauka napredovale u međusobnom skladu. To jedinstvo ne treba da se svede na dekor. Treba da preduzmemo odlučnu akciju kako bismo razumeli i integrisali aspekte religije i nauke na korist celog društva.

Ako je čovekov duh čisto naučni, on neće biti saosećajan. Takav duh ima tendenciju da napada, da dominira i da uznemirava druge. Međutim ako se naučni intelekt ujedini sa razumevanjem duhovnosti – sustinom religije – saosećanje i simpatija za sva živa bića se spontano bude u njemu.

Svetsku istoriju čine prvenstveno priče prožete neprijateljstvom, osvetom i mržnjom. Reke krvi, potekle zbog čovekovog pokušaja da prigrabi sve za sebe i zavlada nad svim drugima, teku bez prestanka. U stvari, ako se osvrnemo u prošlost, reklo bi se, sudeći po okrutnosti koju smo ispoljili, kao da ljudska bića nikad nisu imala ni mrvicu saosećanja ...

Mi treba da učimo lekcije iz istorije ali ne bi trebalo da živimo u njoj. Sjedinjenje između nauke i duhovnosti će nam pomoći da izađemo iz tamnih hodnika prošlosti da bi dosegli svetlost mira, sklad i jedinstvo.

Duhovnost je ključ kojim možemo da otvorimo naša srca i da gledamo na svako biće sa saosećanjem. Ali, zaslepljen sebičnošću, naš mentalni aspekat je izgubio sposobnost pravilnog prosuđivanja i naš pogled na svet oko nas je deformisan. Ova sebičnost samo jos više povećava tamu oko nas. Ključem koji je tu da otvori srca, naš mentalni aspekt se, u svojoj konfuziji, služi da ih njime još čvršće zabravi.

Evo jedne priče o četiri čoveka koji su išli na jednu versku konferenciju. Trebalo je da provedu noć zajedno na jednom ostrvu. Noć je bila izuzetno hladna. Svaki od putnika je imao šibice i malo drva u svojoj torbi, ali je svaki mislio da je samo on taj koji ima šibice i drva.

Prvi čovek je pomislio: "Sudeći prema medaljonu koji ima oko vrata, rekao bih da ovaj čovek pripada nekoj drugoj religiji, Ako upalim vatru, i on će se ugrejati. Zašto bih upotrebio moje dragoceno drvo da bih njega grejao?"

Drugi čovek je rezonovao : "Ovaj čovek dolazi iz zemlje koja je uvek ratovala protiv nas. Ne mogu ni da zamislim da upotrebim moje drvo za njegov komfor!"

Treći covek je gledao u jednog od ostalih i mislio : "Poznajem ga. On pripada sekti koja je samo pravila probleme mojoj religiji. Neću da trošim moje drvo na njega!"

Četvrti covek je mislio : "Ovaj čovek ima drugu boju kože od mene i to zaista mrzim! Nema govora da upotrebim moje drvo za njega!"

Sve u svemu, ni jedan nije hteo da upali svoje drvo da ne bi time ugrejao i druge, i tako su, do zore, sva četvorica umrla, smrznuti od velike hladnoće. Slično tome, mi osećamo neprijateljstvo prema drugima u ime religije, nacije, kaste ili boje kože, bez saosećanja prema ljudskom biću.

U ime mira, održavamo mnogobrojne konferencije. Ali koliko promena možemo da se nadamo da ćemo ostvariti prosto sedeći oko stola i pričajući? Kad se sve završi i kad se na rastanku rukujemo, da li taj gest zaista izražava ljubav i saosećanje koji dolaze od srca? Ako nije tako, znači da nije ni bilo pravog dijaloga. Da bi se ostvario istinski dijalog, duboko osećanje jedinstva mora da poveže sva naša srca, a zidovi sazidani od neprijateljstva, raznih predubeđenja i želje za osvetom moraju nestati.

Zaštita prirodne sredine je problem koji nas sve zabrinjava, ali mi uopste ne obraćamo pažnju na lekciju koju priroda pokušava da nas nauči. Pogledajmo samo prirodu zimi. Staro lišće opada sa drveća. Drveće više ne daje plodove. Tada se čak i ptice retko pojavljuju na granama. Ali kad stigne proleće, čitava priroda se menja. Novi listovi niču na drveću i puzavicama, i ubrzo drveće je u procvatu i ... zaogrnuto plodovima. Sa svih strana se čuje cvrkut ptica i lepršanje njihovih krila. I sam vazduh je pun mirisa i pulsira od vitalnosti. Isto drveće koje je par meseci ranije izgledalo kao da će se osušiti, sad je ispunjeno novim životom, lepotom i energijom.

Ako sledimo primer koji nam daje priroda, to znači da zemlje i njihovi vođe treba da se oslobode starih predstava i ideja o ratu. Vreme je da se stavi tačka na brutalnost i krvoločnost koje čovek ispoljava prema čoveku u ime rata. Rat je proizvod necivilizovanog duha. Te stare predstave o ratu treba napustiti i zameniti ih novim listovima, cvetovima i plodovima saosećanja i lepote. Malo po malo, mi možemo uništiti našeg unutrašnjeg demona, "želju za ratom", koji je istovremeno prokletstvo i za ljudski rod i za Prirodu. Tada ćemo moći da uđemo u novu eru mira i sreće.

Saosećanje je temelj mira. Saosećanje leži u svakome od nas. Međutim, teško je da se ono oseti iskustvom i da se ispolji u svakom našem postupku. Treba da se okrenemo našoj unutrašnjosti i da tražimo duboko u nama samima. "Moje srce, da li još pulsira od života ? Izvor ljubavi i saosećanja, postoji li još uvek u meni? Da li se moje srce steže pred bolom i tugom drugih ? Da li sam plakao sa onima koji pate ? Da li sam zaista pokušao da obrišem suze nekome, da ga ohrabrim, ili da dam nekome bar jedan obrok ili odelo ?" Na ovaj način mi možemo da pošteno preispitamo sebe. A onda će umirujuća mesečeva svetlost saosećanja spontano da zablista u našim srcima.

Ako hoćemo da donesemo mir spoljašnjem svetu, prvo naš unutrašnji svet treba da bude u miru. Mir nije intelektualna odluka. To je iskustvo.

Istinska hrabrost jednog vođe počiva na njegovom saosećanju i dobrodušnosti. Svi oni koji poseduju bogatstvo, oružje i vojno obrazovanje mogu da vode rat. Ali niko ne moze da pobedi moć ljubavi, moć iskustva univerzalnog jedinstva.

Kad bi naš duh, naše oči, nos, uši i naše ruke

mogli da razumeju i osete patnju i bol drugih ! Kad bi samo mogli ... koliko bi samoubistava moglo biti sprečeno ? Koliko bi ljudi moglo dobiti hranu i odelo i mesto za stanovanje ? Koliko bi siročića jos imalo roditelje ? Kolikom bi broju žena koje prodaju svoje telo da bi prežive, stigla pomoć ? Koliko bi bolesnih ljudi, koji imaju nepodnosljive bolove, moglo dobiti lekove i neophodnu negu ? Koliko bi konflikata nastalih zbog želje za novcem, slavom i moći moglo biti izbegnuto ?

Da bi razvili saosećanje, prvi korak na tom putu je da se svi predmeti koje mi nazivamo mrtvom prirodom: kamen, pesak, stena, drvo, itd. tretiraju sa ljubavlju i poštovanjem. Ako smo u stanju da osetimo ljubav i simpatiju prema mrtvoj prirodi, postaje lakse da se oseti ljubav i saosećanje prema drveću, puzavicama, pticama, životinjama, celokupnom životu u okeanu, rekama, planinama i svoj ostaloj prirodi. Ako dosegnemo to stanje, onda ćemo automatski imati saosećanje prema celokupnom covećanstvu.

Zar ne bi trebalo da zahvalimo stolici i

steni koje nam pružaju mesto da sednemo i da se odmorimo. Zar ne bi trebalo da izrazimo zahvalnost prema Majci Zemlji, koja nam strpljivo daje svoje krilo da bismo odmarali u njemu, ali i trčali, skakali i igrali se. Zar ne bi trebalo da budemo zahvalni pticama koje cvrkuću, cveću koje se rascvetava, drveću koje pruža senku i rekama koje teku ... i sve to za nas ?

Svakog jutra, praskozorje nas pozdravlja sa novim rađanjem sunca. Noću, kad zaboravimo na sve i kad spavamo, sve može da nas zadesi, pa čak i smrt. Da li mi ikad zahvalimo, Svevišnjoj Moći (Great Power) koja nam daje svoj blagoslov i čini da se probudimo ujutru i da funkcionišemo kao i ranije, sa nepromenjenim telom i duhom? Ako tako gledamo na stvari, zar ne bi trebalo da budemo zahvalni svima i svemu ? Samo saosećajna bića su sposobna da izraze zahvalnost.

Nema kraja ratovima i smrti pruzrokovanih čovekom, ni suzama prolivenih od nevinih zrtava tih tragedija. Čemu sve to? Osvojiti, pokazati svoju superiornost, zadovoljiti pohlepu za bogatstvom i slavom. Ljudski rod je privukao na sebe mnogobrojna prokletstva. Da bi se oslobodio tih prokletstava, potrebno je da najmanje što budućih generacija briše suze onih koji pate i traže načina da ih uteše i umanje njihovu patnju. Zar ne bi sad trebalo, makar zato da se iskupimo, da pokušamo da pogledamo duboko u sebe, da preispitamo sebe ?

Nijedan egocentrični vođa, gladan moći, koji je samo štitio sopstvene interese, nikad nije pronašao mir i sreću osvajajući svet i proganjajući druge. Smrt i dani koji joj prethodili, za takve ljude su bili pravi pakao na zemlji. Istorija nam je dokazala tu veliku istinu. Zbog toga bi trebalo da sa zahvalnošću prihvatimo dragocenu priliku koja nam se pruža da napredujemo na putu mira i saosećanja.

Mi ne donosimo ništa na ovaj svet i ništa ne odnosimo napuštajući ga. Treba da naučimo da se ne vezujemo za svet i njegove [materijalne] stvari, shvatajući da nam one nikad neće pružiti trajnu i istinsku sreću.

Kao što svi znate, Aleksandar Veliki je bio ratnik i imperator koji je osvojio gotovo trećinu sveta. Želeo je da vlada celim svetom, ali doživeo je jedan poraz i posle toga se razboleo od neizlečive bolesti. Nekoliko dana pre smrti Aleksandar pozva svoje ministre da im objasni kako želi da bude sahranjen. Želeo ja da sa svake strane sanduka postoje otvori kroz koje će njegove ruke biti ispružene sa otvorenim dlanom. Ministri upitaše svog gospodara čemu to.

Aleksandar objasni da će tako svi saznati da je Aleksandar Veliki, koji je ceo svoj život posvetio osvajanju i uvećavanju poseda, napustio ovaj svet praznih ruku. Nije odneo sa sobom čak ni svoje sopstveno telo. Tako će svi moći da razumeju koliko je jalovo provesti život u jurnjavi za posedovanjem.

Potrebno je da shvatimo nestalnost, nepostojanost sveta i njegovih stvari. One su prolazne i nikad ne mogu da pođu sa nama posle naše smrti.

Sve u kosmosu ima svoj ritam: vetar, kiša, talasi, tok našeg disanja, kucanje našeg srca, sve ima ritam. Isto tako, i naš život ima svoj sopstveni ritam. Naše misli i akcije stvaraju ritam i melodiju našega života. Kada je harmonija naših misli prekinuta to se održava na naše delovanje. Ali to nije kraj priče ... time se prekida i ritam našeg života. Danas to vidimo svugde oko nas.

Danas vazduh postaje sve više i više zagađen, voda takođe. Reke presušuju. Šume se uništavaju. Nove bolesti se šire. Ako se tako nastavi, sprema se velika katastrofa za Prirodu u celini i za čovečanstvo.

Amma će dati jedan primer kako bi ilustrovala posledice zagađivanja po našu sredinu. Amma se jos uvek seća kako je bilo u njenom detinjstvu, kad bi se neko dete ogrebalo ili malo poseklo, njegova mama bi pokrila ranu kravljom balegom i to bi pomagalo da rana brže zaraste. Ali kad bismo to uradili danas, rana bi se inficirala, možda bi čak došlo i do smrti. Danas je kravlja balega toksična. Ono što je nekad bio lek, danas je postalo otrov.

Današnja generacija živi kao da nama nikakvu vezu sa Prirodom. Sve što nas okružuje je vestačko. Danas jedemo voće i žitarice uzgajane uz pomoć veštačkog đubriva i pesticida. Uz to dodajemo još i konzervanse da im produžimo rok trajanja. Na taj način, svesno ili nesvesno, mi bez prestanka jedemo otrov. Kao rezultat toga, pojavilo se mnogo novih bolesti. U stvari, u dalekoj prošlosti prosečna dužina života je bila više od 100 godina. A danas se ne živi više od 80 godina, a više od 75% populacije pati od raznih bolesti.

Ne samo da hrana koju jedemo i voda koju pijemo postaje zagađena, već je i vazduh koji udišemo danas pun toksina. To je razlog zbog kojeg je imuni sistem kod ljudi oslabljen. Već danas, mnoge osobe zavise od inhalatora za disanje, a njihov broj će se još povećavati. Kroz par godina, da bi disali bićemo možda primorani da se krećemo sa bocama vazduha, kao astronauti u bezvazdušnom prostoru. Većina ljudi je danas alergična na ovo ili na ono; ljudi pate od alergije čak i na nešto naizgled veoma malo i beznačajno. Zbog sve većeg udaljavanja od Prirode, sve nam je teže da preživimo.

Danas su, ne samo ljudi, nego čak i domaće životinje i biljke koje gajimo, izgubili vezu sa Prirodom. Divlje biljke mogu da prežive bez obzira na vremenske prilike, jer se one prilagođavaju klimatskim uslovima. Ali biljke koje mi gajimo, one ne mogu da se odupru insektima. Treba ih prskati pesticidima. Potrebna im je specijalna nega i u stvari im je nemoguće da prežive prirodno.

Šume se uništavaju i zamenjuju kompleksima zgrada. Mnoge ptice grade svoja gnezda u tim kompleksima. Ako izbliza pogledamo njihova gnezda, videćemo da su napravljena od parčića električnih kablova i plastike. To je zato što je drveća sve manje. U budućnosti, možda uopšte više neće biti drveća. Ptice su znači, naučile da se prilagode svojoj novoj sredini.

Situacija sa pčelama je slična. Normalno, jedna pčela se bez problema kreće u prečniku od 3 kilometra oko svoje košnice, u potrazi za polenom. Ali danas, kad nađu polen, pčele se više ne sećaju kako da se vrate u svoju košnicu. Nesposobne da pronađu put, gube se i umiru. Na izvestan način, baš zahvaljujući pčelama, mi imamo hranu. Pčele imaju ulogu od vitalnog značaja u zaštiti Prirode i društva. Pčele vrše oprašivanje biljaka, što nam omogućava da dobijemo voće i žitarice. Na sličan način, ljudska bića uživaju dobrobit od svakog i svih živih bića.

Sva bića na Zemlji zavise jedna od drugih da bi preživela. Ako je motor aviona u kvaru, avion ne može da leti. Ali čak i ako je oštećen samo jedan jedini važni šraf, avion takođe ne može da leti. Slično tome, čak i najsićušnije biće ima značajnu ulogu. Da bi preživela, svim živim bićima je potrebna naša pomoć. Mi smo, štaviše, odgovorni za njihovo preživljavanje.

Kako se populacija na Zemlji svakodnevno povećava, postaje sve teže proizvesti dovoljno hrane da bi se zadovoljile sve veće potrebe. Zato naučnici traže veštačke metode da povećaju produktivnost predlažući, na primer, veštačko đubrivo. Biljke kojima je nekad trebalo 6 meseci da daju povrće, sad ga daju za samo dva meseca. Problem je u tome što se sada hranjiva vrednost takvog povrća svodi na svega trećinu nekadašnje vrednosti. A i te biljke sada žive mnogo kraće. Lako je zaključiti da se naše veštačke metode u stvari okreću protiv nas samih.

Priroda je kao koka koja nosi zlatna jaja. Ali ako ubijemo koku da bi dobili sva zlatna jaja odednom, izgubićemo sve. Moramo prestati da zagađujemo i da prekomerno eksploatišemo Majku Prirodu. Treba da je zaštitimo da bismo osigurali naš opstanak i opstanak generacija koje dolaze. Ona je drvo koje ispunjava sve želje i daje svo bogatstvo čovečanstvu. Ali naša trenutna situacija liči na poziciju budale koja seče granu na kojoj sedi.

Ako broj naših belih krvnih zrnaca raste, to može biti znak raka. Bela krvna zrnca sama po sebi nisu opasna, ali ako se njihov broj poveća iznad određene granice, može se desiti da obolimo. Isto tako, potrebni su nam prirodni resursi da preživimo. Ali ako ih eksploatišemo preko određene granice i time štetimo Prirodi, onda na taj način stvaramo opasnost i za nas same i za druga bića.

Amma ima jednu molbu. Prirodni sklad mora biti ponovo uspostavljen i svako od nas na ovoj našoj planeti bi trebalo da učestvuje u tome. Najpre, mi moramo učiniti sve što je moguće da zaustavimo zagađenje. Fabrike i

industrija su neophodne, ali treba da nađemo
nove načine i postupke da bi smanjili zagađenje
vazduha i vode koje one uzrokuju. Takođe je od
suštinske važnosti da se fabrike lociraju daleko
od stambenih zona.

Jedan od glavnih razloga zagađenja u
gradovima je povećanje broja vozila. Većina
porodica već poseduje jedno ili više vozila.
Ako pet osoba živi u istom kvartu i radi u
istom kvartu, one bi mogle da se povežu i da
putuju zajedno. Tako bi samo jedno vozilo bilo
na putu, a ne pet. Ako jedna cela zemlja učini
tako, umesto 100.000 vozila, bilo bi ih samo
20.000 u saobraćaju. Uštedeli bismo značajnu
količinu benzina, a radikalno bismo smanjili
zagađenost. Svi znamo da količina raspoložive
nafte naglo opada. Tako bi svetske rezerve
nafte trajale duže i, što je još značajnije, ljubav
i saradnja među ljudima bi se povećala. Amma
oseća da je ovaj savet nešto što svi mi možemo
da pokušamo da ostvarimo u praksi.

Kada je udaljenost mala, umesto da trošimo
benzin, možemo da idemo biciklom, što bi
istovremeno bila i fizička vežba za nas. Jedan od

glavnih razloga povećanja bolesti je nedostatak fizičke aktivnosti. Neke majke se žale Ammi kako je članarina u sportskim klubovima njihove dece dosta skupa. Ali kad ih Amma pita kako dete ide do sportske sale, majka odgovara da prebaci kolima svoje dete, makar je sala i samo nekolika kilometra udaljena od kuće. Kad bi dete išlo peške do sale to bi već bila dovoljna vežba i ne bi bilo potrebe da se troši novac na člansku kartu kluba.

Navika održavanja povrtnjaka nestaje. Čak i ako imamo i majušnu parcelu, trebalo bi da pokušamo da uzgajamo neko povrće koristeći samo prirodno đubrivo. Provedimo malo vremena sa našim biljkama, možemo da pričamo sa njima i da ih poljubimo. Takva veza sa prirodom će nam dati novu vitalnost.

Šume imaju glavnu ulogu u održavanju sklada u Prirodi. Jedino zahvaljujući šumama ostalo je jos nešto što liči na harmoniju u svetu. Svaka zemlja bi morala da pokuša da zaštiti svoje, još uvek postojeće šume, i da sadi drveće, koliko god je to moguće. Obećajmo sebi samima da ćemo zasaditi najmanje jedno drvo mesečno. U jednoj godini bi, znači, svako zasadio 12 stabala. Kad bi svi učestvovali, u jednom kratkom periodu bismo mogli da obnovimo lepotu Prirode. Amma je čula da postoji jedno drvo [drvo *Tabonuco* sa Kariba] čiji koreni se preplicu i međusobno spajaju. Zahvaljujući tim uzajamnim vezama, njegova stabla su sposobna da izdrže snagu ciklona i da ne budu isčupana iz zemlje. Živeći u skladu sa Prirodom, u ljubavi i jedinstvu, imaćemo snage da prebrodimo svaku krizu.

Priroda je naša prva majka. Ona nas hrani tokom celog života. Naša biološka majka nam možda dopušta da sednemo u njeno krilo dok smo veoma mali, ali Majka Priroda strpljivo podnosi našu težinu tokom čitavog našeg života. Ona nam peva uspavanke, hrani i miluje nas. I kao što dete ima obaveze prema majci, mi bismo morali da imamo osećaj duga i odgovornosti prema Majci Prirodi. Ako zaboravimo tu našu odgovornost, to je kao da smo zaboravili na sebe same. Ako zaboravimo na Prirodu, mi ćemo prestati da postojimo, takvo ponašanje je kao da hodamo putem koji vodi u smrt.

U staro vreme nije bilo potrebe za specijalnim merama za zaštitu čovekove okoline jer je Priroda poštovana u slavu Boga, a pored toga, bilo je i sastavni deo samog života. Ne samo da su ljudi iz prošlih vremena mislili na ‹Boga›, nego su iz ljubavi služili Prirodi i društvu. Oni su videli Stvaraoca kroz njegovo stvaranje. Oni su voleli, slavili i štitili Prirodu kao vidljivi oblik Boga.

Potrudimo se da ponovo probudimo taj odnos prema Prirodi. Danas, najveća pretnja čovečanstvu nije svetski rat, već naše sve veće udaljavanje od Prirode kao posledica gubljenja sklada sa Prirodom. Zbog toga bi trebalo da razvijemo svesnost kao kod osobe koja stoji pred uperenim pištoljem. Samo tako čovečanstvo može da preživi.

Kad čovečanstvo i Priroda napreduju zajedno, ruku pod ruku u međusobnom skladu, tek onda je život ispunjen. Kad melodija i ritam dopunjavaju jedno drugo, muzika postaje lepa i prijatna za naše uši. Isto tako, kad ljudi žive u skladu sa zakonima Prirode, tada život postaje predivna pesma.

Priroda je jedna ogromna cvetna bašta. Životinje, ptice, drveće, biljke i ljudi su njeno raznobojno procvetalo cveće. Lepota te bašte je savršena jedino kad su svi skladni kao celina i tako šire pulsacije ljubavi i jedinstva. Neka se sve naše duše ujedine u ljubavi. Potrudimo se zajedno da to raznovrsno cveće ne uvene, kako bi ova basta zauvek ostala lepa.

Amma sada želi da sa vama podeli još nekoliko tema koje zaslužuju da se o njima razmisli

1. Zamislimo da ljudska vrsta nestane sa lica Zemlje. Ponovo bi planetu prekrila bujna vegetacija. Voda i vazduh bi postali čisti. Cela Priroda bi klicala od radosti. Nasuprot tome, zamislite da na Zemlji nema više drugih vidova života osim ljudskih bića. Mi ne bismo mogli da preživimo. Ova Zemlja stvorena od Boga i pesma koja se uzdiže iz Prirode su u savršenoj harmoniji i ritmu. Samo ljudska bića proizvode disonantne note.

2. Izvor mira i harmonije su ljubav i saosećanje. Zahvaljujući ljubavi nežni pupoljak

našeg srca će procvetati. Tada će se predivni miris ljubavi proširiti svuda oko nas.

3. Ptica društva ima dva krila : nauku i duhovnost. Obe moraju ići zajedno, ruku pod ruku, jer su obe potrebne za napredak drustva. Ako napredujemo oslanjajući se na duhovne vrednosti, tada nauka može postati instrument u službi mira i sklada u svetu.

4. Nikad ne smemo da izgubimo našu unutrašnju snagu. Samo slabi duhovi vide sve u crnom, i tonu u konfuziju. Optimisti vide zrak Božje milosti i u najdubljoj tmini. Lampa vere je u nama, upalimo je. Ona će raširiti svoju svetlost da bi nas vodila pri svakom našem koraku. Ne ostanimo sputani bolnim sećanjima iz ratova i konflikata iz prošlosti. Zaboravimo mračnu istoriju protkanu mržnjom i rivalstvom da bismo prihvatili jednu novu epohu koja pulsira verom, ljubavlju i jedinstvom. Za to, svi moramo da radimo zajedno. I najmanji napor nikad neće biti uzaludan. Čak i ako jedan jedini cvet procveta usred pustinje, i to je već nešto. Takav stav treba da razvijamo kad delujemo.

Naše mogućnosti možda jesu ograničene, ali ako veslamo u čamcu života veslom ličnog napora, onda će vetar Božje milosti nesumnjivo doći da nam pomogne.

5. Moramo biti spremni da se menjamo. Ako ne, bićemo primorani da se menjamo. Ako ne promena, onda smrt. Moramo izabrati jedno ili drugo.

6. Ljudska vrsta mora da shvati da ona nije jedina koja ima pravo da živi. Toliko vrsta je već izumrlo ! Nije dovoljno biti pažljiv i imati saosećanja prema ljudima, mi moramo imati to saosećanje prema svim bićima.

7. Nećemo uspeti da suzbijemo bolesti uništavajući komarce, kokoške i krave. Naš prioritet treba da bude ponovno uspostavljanje harmonije u Prirodi.

Ako je izvor rata u ljudskom duhu, onda i izvor mira leži tu. Ako hoćemo da izbegnemo rat u budućnosti, treba da našoj deci od najmanjih nogu usađujemo osećaj za ljudske vrednosti. Ako hoćemo da napravimo jogurt, sve što nam treba je da dodamo samo malo jogurta u mleko, da ga promešamo i ostavimo da se odmori izvesno vreme. Slično tome, kad roditelji daju dobar primer, oni time usađuju pozitivne vrednosti svojoj deci. Tada će se plemeniti kvaliteti spontano razvijati u deci.

Kad Amma putuje po svetu ljudi iz zemalja u ratu često dolaze da je vide. Žene iz tih područja kažu Ammi : "Ujutru nas budi buka mitraljeza i krici. Naša deca se privijaju uz nas u strahu i plaču ; mi ih takođe stežemo u naručju i plačemo. Već toliko godina nismo čule cvrkut ptica pri buđenju." Molimo se, neka zvuci oružja na ovakvim mestima zaćute kako bi ih uskoro zamenio blagi zvuk pesme ptica i neka se i mladi i stari smeju od srca umesto da plaču.

Amma zamišlja često kako bi bilo divno da, kao u dečijoj igri, bombe umesto šrapnela rasipaju čokolade i bombone, ili šire prelepi miris ili pak obasjaju nebo svim duginim bojama. Kad bi samo munje uništavanja mogle da budu munje saosećanja. Sa modernim oružjem moguće je pogoditi cilj sa savršenom, ali smrtonosnom preciznošću. Kad bismo samo mogli da pružimo ruke saosećanja prema siromašnima, gladnima i bezkućnicima, sa istom preciznošću !

Skupimo se zajedno i pokažimo svetu da saosećanje, ljubav i zabrinutost za ljudska bića nisu potpuno nestali sa lica Zemlje. Gradimo novi svet mira i harmonije, ostajući duboko ukorenjeni u univerzalnim vrednostima koje su hrana čovečanstva od pamtiveka. Kažimo zauvek zbogom ratu i brutalnosti i nek od svega ostanu samo priče i legende. Ostanimo zapamćeni u budućnosti kao generacija mira.

||Om lokah samastah sukhino bhavantu ||

www.ingramcontent.com/pod-product-compliance
Lightning Source LLC
Chambersburg PA
CBHW070636050426
42450CB00011B/3221